如何做好孩子的情绪教养

周育如 著

浙江教育出版社·杭州

图书在版编目（CIP）数据

如何做好孩子的情绪教养 / 周育如著. -- 杭州：浙江教育出版社, 2021.6

（教养升级）

ISBN 978-7-5722-1586-5

Ⅰ. ①如… Ⅱ. ①周… Ⅲ. ①情绪—自我控制—儿童读物 Ⅳ. ① B842.6-49

中国版本图书馆 CIP 数据核字（2021）第 059792 号

序

孩子为什么会大哭大闹

你要做的不是生气，
而是了解孩子闹情绪到底是怎么回事。

我是台湾清华大学幼教系副教授兼系主任周育如，长期从事儿童早期教育研究。在这本书里，我讨论的主题是孩子的情绪教养。

在此之前，让我们先来试想一个很多家庭都会遇到的场景。

孩子放学，你去接他。他说："妈妈，我想喝酸奶。"你轻声地跟他说："快吃晚饭了，我们晚点再喝好吗？"然后，孩子突然就生气了，他开始大吼大叫："我要喝！我现在就要喝！"这时，幼儿园的其他家长、老师和小朋友全都看向了你。

你心里想：又不是不给你喝，只是等吃完晚饭再喝，为什么要当着这么多的人对我大吼大叫！于是你也生气地对孩子说："你再吵就别想喝了。"

孩子更加愤怒，边哭边大叫："我要我要我就是要。" 你忍不住想发火，养个孩子怎么这么折磨人！晚上回家一定好好教训他一顿！

每个有孩子的家庭似乎都有这样一个难搞的孩子。

我们"倒个带"，让时间退回到今天早上。因为公司要开会，你一早就把孩子"拎"到幼儿园去了。到了幼儿园，孩子很开心地拿他昨天做的手工给你看，而你却敷衍他说"妈妈下班再看"，然后就匆匆忙忙地走了。

孩子失落地回到教室。早上老师组织活动的时候，孩子很努力地想要好好表现，但老师就是没有点名让他发言，活动做完了也没称赞他。

到了下午自由活动的时间，孩子想继续把手工做完，结果刚好另一个孩子边打闹边冲过来，把他的手工弄坏了。孩子跑去找老师告状，老师说："他不是故意的，你是好孩子，不要计较了，好不好？我们要放学了，你明天再做吧！"

孩子积了一整天的委屈，但乖巧的他，硬是

把这些都"吞"了下去，咬着牙一心等亲爱的妈妈来。见到妈妈，他跟你说了他仅剩的一个微小的愿望——喝酸奶，却被你拒绝了。

当孩子发脾气的时候，如果你能敏锐地察觉孩子的情绪变化，问孩子一句："怎么了，告诉妈妈今天发生了什么事？"或者，你的孩子当时的情绪表达再好一些："妈妈，我今天好难过，可不可以喝一瓶酸奶？"一切就都会不一样了。

你要做的不是跟孩子生气，而是尽量了解他的情绪到底是怎么回事。一方面提升自己理解孩子情绪的能力，另一方面也提高孩子的情绪表达能力，这样才能根据孩子的需要真正地去帮助他。

这就是我说的亲子情绪教养。

我做亲子教育十几年了，但父母们开始关注如何进行情绪教养是近几年才有的事。我想这可能是因为父母们发现，要把孩子变聪明容易，但要搞定孩子的情绪却没那么简单。也可能是因为父母们对自己的人生有了新的自省,开始思考:人活着这么辛苦,到底是为了追求什么?教育自己孩子的时候,到底该带给他什么?

不管是什么理由,我都很高兴能在这本书里和你分享情绪教养方面的问题,这也是亲子教育上的一个重要的里程碑。

情绪的学习事关孩子一生的幸福,希望这本书不只对你的孩子有帮助,也能让你有机会重新看见自己的人生。

在做亲子推广的过程中,我发现了一个困扰着很多父母的问题:孩子很爱乱生气,有时一不顺心甚至会大哭大闹、满地打滚。而父母这时会被孩子弄得更生气。很显然,父母在情绪处理方面也没比孩子高明到哪里去。

怎么会这样呢?

其一,这是由情绪的生理机制导致的。

这些年,科学家通过对大脑的研究发现,人

类情绪认知虽仍受额叶皮质掌控,但情绪的许多其他层面,主要并非在高层次的大脑皮质区运作,而是在低层次的、比较原始的脑区运作,尤其是在大脑的边缘系统。这就造成了一种结果,我们人类的情绪运作比起动物可能并没有好到哪里去。

也就是说,一个外界讯息传来,如果经过大脑皮质区的处理,我们其实可以通过学习,很好地做出回应。可是情绪是比较低等的脑区在管理,所以,我们会以一种近似于本能或反射的方式做回应。

什么是反射?举个例子,如果用手电筒照你的眼睛,你的瞳孔自然会收缩。你根本不用命令瞳孔,眼睛被光照了,收缩一下,也不能用意识控制它不去收缩。这就是反射,是不经思考就能有规律地做出回应,即使思考了也由不得你做出其他回应。

所以,当情绪是以一种接近于反射或本能的方式在做回应的时候,我们在情绪处理上,就会出现一个很大的难题——"情绪一来,就淹没了理智"。因为你来不及思考就做出了反应，也很难用意识去掌控它。于是，就发生了"你明明知道不该生气，但就是生气了""你明明知道应该怎么样回应，但就是做不到"的情况。

其二，大多数人缺少应有的情绪教育。

在中国人的教育文化里，很重视对智能、知识的教育，不太在乎对情绪的教育。这导致我们在成长的过程中，知道如何追求成功、卓越，但却不知道怎么关照好自己的情绪。到了我们为人父母的时候，其实也不知道要怎么去引导孩子的情绪。在长期的压抑与忽略下，我们常常弄不清楚自己真正的情感状态，也不知道什么样才叫作合宜的情绪。

在孩子成长的过程中，很多父母也不太关切孩子的感受。比如，孩子受伤了，我们只会和他说"你不要哭"。孩子做了很棒的事情，还会有人告诫父母说你不要称赞小孩，免得小孩得意忘形、太骄傲，结果孩子高兴也不敢笑、生气也不敢发脾气、难过也不敢哭。长期来看，这其实是很不健康的。

其实，孩子有时候是需要释放一下情绪的。比如，孩子想哭，哭一会儿也没关系。父母用同理心对待即可。父母可以跟孩子说："你因为……觉得很难过，对不对？那你好好哭一会儿，等好点了再过来找妈妈，我们一起想想该怎么办。"等孩子不哭了，父母也可以跟他说："你真棒，一下子就不哭了，那我们接下来玩什么呢？"

其实很多父母连自己的情绪都弄不清楚。常常有父母看到小孩跌倒了，心里明明是担心，现场的反应却是生气，骂小孩说"你为什么不好好走"，甚至还揍他。这很明显就是父母的情感表达不当。

看见孩子摔倒，你应该先说"你有没有受伤啊"，表达对孩子的关心，然后再和孩子说"要好好走路，你如果受伤妈妈会很担心"，而不是当场以愤怒的情绪去取代你焦虑的情绪。

除了对孩子，我们对待婚姻也是这样的。中国人婚姻的特性是所谓的"高稳定、低满意度"。这跟我们在情绪表达上太弱有关系。

在从小成长的历程中，由于长期在情感方面的压抑，以及对情感的忽视，导致我们在进入真正重要的情感关系时，不管是亲子关系还是夫妻关系，处理情感问题都变成了薄弱的一环。

因为练习、运作的机会少，不知道如何进行情绪的自我辨识，也不懂得如何辨识他人的情绪，从某种程度来说，我们的幸福感降低了。所以情绪的影响层面真的很大。

看到这里，你可能会感同身受。但在现实中，你依然搞不定自己，也搞不定孩子，该怎么办呢？

我的这本书，希望能帮到你和你的孩子。我会从以下几个角度来谈情绪教养。

情绪教养是希望帮助孩子建立起良好的情感反应模式。如果把人类的情感模式比喻成浮在海面上的冰山，那么01章，我会先带你了解冰山在海面以下的部分，也就是为孩子的情绪教养打底的部分。这部分特别重要，如果做不好，后面的情绪教养就会很困难。

02章，我会带你了解冰山露出海面的部分，也就是你要教会孩子具体的"情绪表达""情绪理解""情绪调节"。

03章到05章，我会提供实际的方法给你，让你通过和孩子一起玩游戏、读绘本，以及对真实事件的处理，有效地培养孩子管理情绪的能力。

06章，我会从儿童再向上延伸一点，谈谈青少年的情绪教养。很多父母总是会和处在青春期的孩子产生很多冲突和对抗，甚至有一种"青春期撞上更年期，一拼到底"的感觉。孩子青春期的时候父母应该怎么做呢？我会在这一章教你一些具体的方法，帮你熬过孩子这段难搞的时光。

07章，我会谈谈大人的情绪修复。终究，有快乐的父母才有快乐的孩子。如果你自己不是个快乐的人,也常常因为教养孩子或其他事情受挫而发脾气,那希望这一章对你自己的提升有所帮助。

好了,我们马上开始这趟情绪学习之旅吧!

目录

01 帮孩子建立健康、正面的情绪人格

童年经历建构一生的情绪人格 ·004
被爱的孩子更独立 ·010
家庭温暖对孩子的大脑发育最重要 ·013

02 情绪教养的三个层面

情绪表达：口语描述 + 适当表达 ·020
情绪理解：了解情绪"是什么"和"为什么" ·025
情绪调节：找到让情绪重回正轨的有效策略 ·027

03 游戏教养法

练习情绪表达：照镜子 + "我的感觉"游戏 ·032
练习情绪理解：玩"他的感觉"游戏 ·035
练习情绪调节："情绪经验叙说"游戏 ·037

04 绘本教养法

善于运用特别设计的情绪主题绘本 ·051
针对某种情绪，选择专门的绘本 ·053
善用解决情绪难题的贴心绘本 ·054
给爸爸妈妈看的情绪绘本 ·056

05 真实情境教养法

描述情境，表达感受 ·069
让孩子自己协商解决问题的方法 ·070
协商能力让孩子一生受用 ·074

06 青春期孩子的情绪疏导和情感教育

儿童时期：打好情感根基 ·078
青少年前期：少说多听 + 重复语尾 ·079
青少年后期：教孩子把性和爱连接到一起 ·084

07 教孩子之前，先学会爱自己

排除情绪地雷 ·090
采取行动改变自己的情绪模式 ·093

01

帮孩子建立健康、正面的情绪人格

如果孩子的情绪人格是健康、正面的,
那么不管遇到什么情况,
孩子都会有积极的回应。

心理学家或科学家，很喜欢把人类的情感模式比喻成浮在海面上的冰山。

为什么这样说呢？因为我们自己意识可以察觉的部分，只是冰山露出海面的那一角；冰山在海面下的那一大块，才是我们本能运作或内建情绪人格的部分，也是我们自己没有察觉或根本无法察觉的更大的那部分。

这一章，就先来说说冰山在海面以下的代表情绪教养基础的部分。

在谈孩子的情绪教育时，我通常不说"情绪管理"，而喜欢用"情绪教养"这个词。因为教养是一个长期的人格内建的历程，而情绪管理只代表运用了后来可以通过学习获得的知识，对孩子情绪教导起到的作用很有限。

在孩子的情绪教导上,如果只顾冰山在海面以上的情绪管理那部分,而不管冰山在海面下的情绪人格塑造的部分,你会发现情绪教导的效果非常有限。

比如,你觉得自己在情绪人格方面很负面,然后花了高昂的学费上情商课程,你会觉得课上老师讲得非常有道理,给自己如何改善指明了方向。在下课回家的路上,你不断地告诉自己:回家看到老公,我要温柔,要面带微笑……但回家打开门的一瞬间,看到老公把屋子弄得乱七八糟,你心中的怒火就涌了上来,把在课堂上学到的方法全都丢在脑后了,对不对?

为什么会这样?因为学到的知识跟你原本的内建人格不一致。

所以,如果要教导孩子有良好的情绪,其实你要做的事情就是帮他打好基础。如果孩子的情绪人格原本就非常健康、正面,那即使情绪是本能、反射也没关系,因为不管遇到什么情况,孩子都会有积极的回应。

但如果孩子原本的情绪人格就很负面，受过伤害或有破损的地方，即使想通过一些知识的学习来管理、改善，其实也是非常困难的。

※ 童年经历建构一生的情绪人格

要打好内建人格的基础，我们先来看看这一百多年来，有关情绪人格——冰山在海面下的那部分——的研究，到底有哪些重要的发现。

谈到情绪人格的研究，就不能不提弗洛伊德（Freud）。弗洛伊德是一个精神科医生，过了这么多年，他的很多理论其实已经被推翻了，但他的一个重要发现是人们一直都赞同的。

他所研究的林林总总的精神病患，致病原因虽多种多样，但似乎都有一个共同点——曾经有过不愉快的童年。或是曾经受虐、父母离异，或是遭遇过非常严重的情感创伤。

弗洛伊德由此相信,童年时期的经历建构了孩子的情绪人格,而在这个时期内建的情绪人格,会跟随人的一生。

弗洛伊德之后,行为学派兴起。在行为学派盛行时期,教养孩子谈的就是行为奖惩。孩子表现好就给予奖励,表现不好就被惩罚,那时如果谈情绪,恐怕是会被嘲笑的。

后来,直到著名的恒河猴依附实验[1]出现,心理学家才发现被剥夺亲子依附权利的猴子会自残而且无法交配,这使得依附理论开始兴盛,情绪研究

---

1. 心理学家哈利·哈洛(Harry Harlow,1905—1981)把一群刚出生的恒河猴从妈妈身边强行带走,然后给了两个代理妈妈:一个是铁丝网做的盒子,上面挂着奶瓶;另一个是柔软的绒布做的猴妈妈模样的玩偶,借以观察小猴子会喜欢哪一个当它们的妈妈。
人们原本的猜测是小猴子应该会依附提供奶水的铁丝妈妈,因为它直接关系到生存,而玩偶妈妈除了拥抱的感受,没有什么可以直接给予的。但实验结果令人十分意外,小猴子们除了肚子饿时会去找铁丝妈妈,其余时间都在玩偶妈妈的身上扒着不下来。实验证实:猿猴之爱的起源,不在于喂奶,而在于爱的接触。

才再次成为显学。

依附研究还发现,行为学派诉诸的行为奖惩,用来训练动物可能还有些作用,但人类的孩子却不能这样教。

"爱"并不是在吃饱穿暖之后才会产生的需求,爱其实是人类正常健全发展的一个非常基本的条件,如果你剥夺了爱,人类就无法正常发展。

很多做父母的人曾经问我,因为自己幼年时期没有受过良好的情绪教养,或者受上一代的影响,控制不好自己的情绪,进而影响到了孩子,是否还有弥补的办法。

我在带父母成长团体时让父母们做过一个很简单的游戏:先想象自己对孩子发怒的情境,接着把发怒的表情和话语都录下来,然后我和父母们一起回看录像。结果很多父母当场被自己发火的样子吓着了,原来孩子看到的自己是这个样子!

我想通过这个游戏,让父母们看见自己,然

后有意识地观察自己在情感表达上是什么模样，什么时候会这样，并理解自己为什么会这样。

很多时候，父母会有所领悟：原来自己受原生家庭的影响这么深，还波及了孩子！在我看来，父母应该想清楚这样一个问题——既然童年的那个自己没有被正确地爱，也没有办法让童年的自己和父母重新再相处一次，那么自己现在成年了、为人父母了，到底要不要给孩子一个好的家庭、一对相爱的父母呢？

如果要，父母能做的就是把自己变成更好的人，一个温暖、正面、能好好爱人与被爱的人。

我们有长达几十年的时间在家中生活、受父母的影响，所以情感教养模式确实会代代相传，每个人在教养孩子的过程中都会显现出自己父母性格的遗传。但是，只要能有意识地察觉和调整，人类的某些习性是可以经由学习而改变的。

最重要的是，要相信自己是有能力帮助自己

的。不要怪罪父母、怨天尤人，就从今天起，给自己定一个容易达成的小目标，一点点地努力达成。

我推荐"认知+行为"的方法。例如，自己平时性格抑郁，就可以给自己定个小目标——要成为更快乐的人。然后要求自己每天早上起来先对着镜子做笑脸。白天有意识地留意自己的脸部反应，提醒自己要愉快、微笑；晚上睡前再看一次镜子，直到脸上没有了忧郁的神情再睡觉。脸部表情与大脑的反应是联通的，这样的行为持续一个星期，生理上的回馈一定会给自己带来改变。

除了好的脸部表情，还可以说正面积极的话，话语是可以改变思想的。要时刻留意自己的言语，练习赞美他人、表达感谢、自我激励。

早上夸奖孩子很乖，中午称赞同事很棒，晚上告诉爱人很帅，即使是有口无心也没有关系，最重要的是一定要说出来。

也可以在每天睡前写下一件今天值得开心或

感恩的事情，以愉快的心情度过每一天。

行为重复多了会变成习惯，习惯久了会变成人格。当自己改变了，人际互动、亲子关系也会随之改变。

除了自己努力，你可能还需要多一点社会的支持。例如，在带孩子这件事情上，要有爱人或其他更多家人的协助，包括情感上的支持和行动上的协助。不要自己独自承担养育子女的责任。这样能让自己有喘息的时间，过度的疲劳和压力最容易导致情绪失控。

同时，也要给你自己留个作业，重新学习和孩子愉快相处，思考怎么和孩子说话、互动。每天至少花20分钟陪孩子一起玩，孩子想听故事就说故事给他，要玩玩具就陪他一起玩玩具，要散步、要放空都可以，最重要的是这段时间要求自己不发脾气、不做评论，纯粹享受和孩子在一起的亲昵美好时光。

这样坚持一段时间，你就会对怎么跟孩子相处有新的领悟，自身的不佳状况也会慢慢被修复，你会发现自己原来也可以做一个温暖的爸爸或妈妈。

不论你有怎样不愉快的童年，经历过怎样的创伤，只要重新省思自己的人生，有改变的勇气，并且持续不断地调整，终会看到成果。

✕ 被爱的孩子更独立

说到依附，我还要提一个概念：被爱的孩子更独立。

很多父母可能认为，想要孩子独立，就得从小训练，孩子小的时候就尽量不让他一直跟在大人身边，最好能早一点自己睡觉，早一点自己独立做事情。

但事实上，依附研究给了我们完全相反的结论：并不是那些早期就跟父母脱离的孩子独立得早，反而是早年家庭温暖、跟父母有紧密情感联结的孩子独立得比较早。

你到游乐场去看看就会发现，有的父母让孩子自己去玩，孩子就跑去玩了，过一会儿还会边滑滑梯边说："妈妈你看我在这儿。"看到妈妈回应后孩子就又继续玩了。

有的孩子就不是这样，父母让他自己去玩的时候，他就是不要，一直黏在父母身边。父母可能会觉得这是孩子跟自己亲、需要自己的表现，甚至根据这样的行为就判断自己家的依附关系发展得很好。完全不是这样！有那么诱人的游戏可以玩，为什么孩子却抓着父母不放？因为他生怕一放手，父母就不见了。

那种紧紧抓着父母不肯放手、不敢去玩的孩子，代表他很没有安全感，和父母之间的依附关系并不是很好。

去幼儿园接孩子放学，如果你一出现孩子就

抓着你不放、什么事都不做，千万不要以为这是孩子很爱你，孩子其实是在告诉你，"你爱我不够，你给我爱的方式不对"。

在依附关系中有安全感的孩子，因为确信父母不会离开，所以知道独自去玩一下没有问题。当孩子心里有了安全的确信后，就会比较早地展开探索行为，也就会更早独立。

相反，那些在依附关系上没有安全感的孩子，会整天黏在父母身边，他们的探索行为不仅出现得晚，而且也比较少，这会直接影响智能发展。

不仅如此，这些在童年时期情感需求得不到满足的孩子，很可能会在将来的人生道路上，在各种关系的发展中，在各种成就的追逐中，不断地寻求心中那个始终没有被填满的空缺。他的外表和行为虽然独立了，但心理上却一直没有真正独立。

如果希望自己的孩子在身心方面都能真正早一点成熟、独立，你就要给他爱的满足，而不是剥夺他爱的需要。

如果有一天，你的孩子能放开你的手，跟你说"我去玩喽"，就证明你做对了。

✕ 家庭温暖对孩子的大脑发育最重要

近年来，最新的大脑情绪研究开始关注受虐孩童。科学家发现，当把一些长期受父母打骂的孩子从受虐的环境中解救出来，安置到好的家庭，给他好的环境，送他去上学之后，这些被重新安置的孩子在学习方面普遍有发育迟缓的现象。他们不仅专注力很差，学习能力也很差。

为什么会这样？这些孩子只是身体受虐，为什么大脑的发育也会受到影响呢？

科学家在对这些受虐孩子的大脑进行造影后发现，受虐孩子的脑部活化情况跟正常孩子不一样，受虐孩子脑部不活化的情况非常严重。

0～6岁是大脑发育最快速的时期。科学家推测，之所以会出现上述情况，可能是因为这些孩子在受虐过程中情绪上承受的压力过高，促使大脑里的压力激素——皮质醇（cortisol）分泌过多。这导致孩子的大脑在快速发育期受到严重的损伤，重创了他的注意力和学习能力。

有些父母会认为一定要严格要求孩子，孩子不打不成器。但科学研究上的证据却告诉我们，为了学习而逼迫孩子完全是不科学的做法。在大脑发育的重要时期，带给孩子情绪上的安全感才是最重要的。

后续的科学研究还有更重要的发现，孩子根本不必亲自受虐，光是"长期目睹家暴"，大脑也会出现类似的创伤形态。也就是说，即使孩子身体没有任何损伤，但如果父母感情长期不好，家里整天吵闹打架，家庭氛围很差，对孩子的影响也是非常大的。

说到家庭环境对孩子情绪教养的影响，离异

家庭孩子的情绪教养是一个逃不开的话题。现代社会离婚已不再稀奇，虽然父母离婚背后有着复杂的原因，但都会对孩子造成不同程度的影响。

一般而言，年幼的孩子受父母离婚的冲击最大，会立即表现出适应困难。青少年往往在父母离婚时表现得不在乎、无所谓，甚至赞同父母分开以结束痛苦。但研究发现，父母离婚带给青少年的负面效应却会在日后逐步显现，有些影响甚至能持续20多年。而且父母离异的孩子，长大后离婚的概率也会增加。

通常孩子和父母一起生活的时间长达十几年，成长过程中与父母的相处过程会强制性地印在孩子的记忆中。

有人说，要教会孩子一个新行为或养成一个新习惯，至少要21次的重复。如果父母的相处模式在孩子面前示范十几年，如何能不内建为孩子的情感模式！

很多父母都无法做到自省，很少考虑自己的行为举止是否恰当。众所周知，人类的发展受到"遗传"和"环境"交互作用的影响。但人们却很少意识到，对孩子来说，"遗传"和"环境"这两件事，说穿了都源自父母。

孩子是带着父母的遗传基因出生的，从小在家庭中长大，孩子的情绪和人格往往也是父母一手塑造出来的。婚姻的法律向来倡导的是以最大的诚意和善意去坚守爱情并建立稳固的家庭。如果因为不可抗拒的因素必须走离婚这一步，父母一定要仔细考虑孩子的福祉。

在离婚这件事情上，孩子可能有很多情绪上过不去的地方，父母不能教他应该怎么做，而是要帮助孩子理解原因，耐心且持续地陪伴、倾听，并对孩子保证父母的爱不会就此失去。

我在公开演讲时常跟父母们说："如果你真的爱你的孩子，你这辈子可以给孩子的第一个而且是最重要的一个礼物，不是送他上培训班或开发潜能，而是给他一对相爱的父母和一个温暖的家庭。"

如果你和你的另一半感情不好，从而让孩子长期处于高压的、不愉快的家庭环境中，其实就是在直接伤害孩子的大脑，以后的学习就无从谈起了。

以上，我说了很多心理学家的实验和理论，但这并不是为了让你记住去考试，而是为了用科学研究向你证明，如果希望自己的孩子有一个好的发展，你要做的第一件事情就是好好去爱你的另一半，给孩子创造一个健康温暖的家庭。因为童年时期的经历可以建构孩子的大脑回路，建构他的情绪人格。

冰山在海面以下的那部分——情绪人格的建构，其实就在孩子的童年里，就在父母的手中。这是情绪教养最大，也是最重要的前提。

下一章，我会和你说说冰山在海面以上的那部分，即情绪教养的三个层面。

02

情绪教养的
三个层面

要让孩子知道:
当我有不好的情绪时,
即使父母不在身边,
我也还是有办法帮助自己的。

给孩子的情绪人格打下坚实的基础后,我们需要了解冰山在海面上的这部分——情绪能力该怎么教?

在培养孩子的情绪能力方面,我把教育内容分为三个方面:情绪表达、情绪理解和情绪调节。

✕ 情绪表达:口语描述+适当表达

什么是情绪表达?就是孩子把他内在的感受表示出来。

孩子表示的方式有很多。你会发现,年幼的孩子不高兴就会哭闹、会在地上打滚,甚至还会乱丢东西、咬人。这些都是情绪表达,但这些表达是不合适的，不是我们想要的。

教导孩子情绪表达分为两个层面：第一个层面，要用语言表达取代肢体表达；第二个层面，要教孩子合适地表达自己的情绪。

"用语言表达取代肢体表达"，说白了就是"请你用说的，不要用哭的闹的"。你要教孩子把内在的状态，用他的口语"说出来"。

当然，有的父母可能会说，自己每次都跟孩子说："请你用说的，不要用哭的，用说的妈妈才知道怎么帮助你！"

但是你要意识到，光这样讲是没有用的。重点在于，你有没有教过孩子说什么、怎么说。

如果要教孩子把内在的情绪状态，通过口语精准地表达出来，你平时在孩子有各种情绪状况出现的时候，就要及时教他"先描述情境，再表达感受"，而不是等到他正在大发脾气、满地打滚的时候才告诉他。

比如，孩子有情绪状况的时候，你要"帮他说"——"哦！你收到了生日礼物，现在你很高兴，对不对？"或者，"哥哥弄倒了你的积木，你很生气，对不对？"

这样他就知道，现在的这个感受、这个状况，就叫"高兴"或者"生气"，而理由是"我收到了生日礼物"和"哥哥很可恶地弄倒了我的积木"。

一次又一次，你先帮他说，其实是在给孩子做示范。当事情真的发生的时候，孩子才有能力说出："哥哥弄倒了我的积木，我很生气！"

当他真的这样说的时候，你一定要立刻回应他。然后小孩就会发现，其实不用哭、不用闹、不用滚得满身大汗，只要靠张嘴说一句，妈妈就会自动帮我"修理"哥哥，真是太好了！这样，孩子下次就会愿意再尝试用说的方式表达情绪。

一次又一次，当孩子真正学到了、体会了，你就有机会听到孩子说："妈妈，你离开我去上班，我好难过。""爸爸你陪我玩，我好高兴！"这时，孩子就真的学会了把内在感受用口语的方式合宜地表达出来。

好，这是情绪表达教养的第一层：通过口语让孩子把他的内在状态传达出来。

这时，情绪表达的教导并没有完成。你还要再教他情绪表达的第二层——在适当的时候，面对适当的人，表达适当的情绪。意思是说，你还要教他更重要的一件事情——不要乱表达。

你有没有遇到过这种小孩？他坐公交车时，看到有一个人上车，然后就跟妈妈说："妈，你看，刚上来那个阿姨好胖喔，丑死了！"妈妈压低声音说："你怎么可以这样讲？"结果小孩还提高音量、理直气壮地说："那她明明就很胖，我又没有说错！"

在上面的例子里，孩子通过口语精准地传达了他的内在状态。但问题是，他的表达不恰当。这个时候父母应该怎么回应呢?

父母可以这样跟孩子讲:"对,那个阿姨是很胖,但是你把它说出来,用这么大的声音让全车人都听到,你可以告诉我为什么要这样做吗?妈妈不喜欢你这样做,因为你心里有个小小的恶意。"

我儿子小的时候,有一阵子很迷变形金刚,快到他生日的时候,他外公打电话来问他想要什么礼物,他说了变形金刚,他还很开心地告诉我:"妈妈,外公说要买变形金刚给我!"我一听就感觉不妙,因为我爸可能根本不知道什么是变形金刚,只知道就是某种机器人。万一他买来的不是儿子想要的,儿子可能就不高兴了。

所以,我就警告儿子说:"你听清楚,你生日的时候,不管外公买来的是什么,你都要笑着跟外公说谢谢,明白了吗?"

我为什么要这么做,是叫孩子说谎吗?当然不是。我是要让孩子知道,生日能收到外公的礼物是因为外公爱你。不管收到的是什么，都应该努力露出笑容，开心而体贴地向外公说谢谢。

教孩子情绪表达不仅要教他表达出来，更要教他在表达的时候，懂得体贴和关爱别人。

这就是情绪表达的两个层面，即先要教孩子把自己的状态诚实地表达出来，再教孩子学习在不同情况下，适当地表达出自己的感受，这一点非常重要。

孩子把这两个层面都学习完整了，情绪表达的教导才算完成。

✕ 情绪理解：了解情绪"是什么"和"为什么"

情绪其实是一种很朦胧的感受，假设我瞪大眼睛，脸色泛红，双手握拳，你觉得我是激动、生气还是兴奋？其实这很难判断。

情绪是需要被命名的，而正确命名情绪的前提是，我必须清楚"我现在到底是什么状态""我为什么会这样"，以及"别人是什么状态""别人为什么会这样"。这个对"是什么"和"为什么"的了解，就是情绪理解的核心内涵。

根据研究，孩子情绪理解的发展有一个从外在到内在的过程。外在的情绪理解主要是根据他人的表情、动作等外在信息去推测他人的情绪。而内在的情绪理解则有许多层面，包括开始认识到情绪是主观的感受，对于相同的状况，不同的人可能有不同的感受；情绪分表面状况和内在真实感受，如可能脸上带着笑容，但心里很焦急；不同情绪可以并存，如一个人可能又惊又喜、又期待又怕受伤害等。

一旦知道情绪有内在的一面，孩子就会懂得要了解别人的情绪不能光看表情、动作，要更多地了解情境及事件的来龙去脉，才可能推测出他人真实的情绪。

关于如何帮助孩子了解自己和他人情绪的这

个部分，我会在下一章讲解。

✂ 情绪调节：找到让情绪重回正轨的有效策略

什么是情绪调节？用直白一点的话表述，就是当你心情很不好的时候，做什么事能让你的心情好一点。

也就是说，情绪调节是"当我有很严重的负向情绪时，我可以通过一个简单可行的方法，帮助自己回到正常的状态"。这个能力非常重要。

这些年，我看到很多孩子为了一点小事就一蹶不振，自己和他人都备受困扰，甚至有的孩子都读大学了，就因为考试考不好，或是听到别人的负面评价，而去跳楼。

这就是负面情绪一直在他们心里挥之不去造成的。如果你回过头去看他们的成长历程，就会发现，他们其实一直没有学会有效帮助自己调节情绪的方法。很多累积在心里的痛苦不知道怎么化解，痛苦累积到一定程度，就变成了压死骆驼的最后一根稻草。

如果平常有情绪就表现出来，人们还能感知到他们情绪的波动。但这些孩子往往都是很乖的，柔顺乖巧的孩子总是把情绪往心里藏，等有一天我们发现有状况，常常已经太迟了。

人生不可能没有挫折，但如果有人告诉过他，情绪是可以调节的，每个人都是有办法帮助自己的，那这些孩子就有机会把平常那些负面的情绪一次一次化解掉，很多遗憾的事也就根本不会发生。

你是否想过，对你的孩子来说，最有效的情绪调节策略是什么？当你的孩子很生气、很难过的时候，他是否知道做什么事情来让自己好过一些？

随着孩子不断长大，情绪调节的方法也会改

变。比如，很小的时候，心情不好会找妈妈抱抱、吃个糖果，大一点可能就是打打球、听听音乐。

不管是什么方法，至少要让孩子知道：当我有不好的情绪时，即使父母不在身边，即使没有人可以帮助我，我也还是有办法帮助自己的。

这个能力，我们从小就要教给孩子。

总之，除了给孩子的情绪人格打好坚实基础，在孩子成长的过程中，我们还可以通过情绪表达、情绪理解和情绪调节这三个重要且合宜的教导环节来帮助他们学习情绪。在下一章，我会直接把教导方法分享给你。

03

游戏教养法

情绪教养的核心不在于年龄,
而在于父母要给孩子一个机会,
让孩子说说他经历了什么,
有什么感受。

接下来的三章，我们要进入实战环节，分别来说说，怎么用游戏、绘本和真实情境帮孩子做好情绪教养。

这些方法主要针对0~6岁的学龄前孩子。对于这个阶段的孩子，一起玩游戏就是让他配合你的最好方法。所以我要先说说，怎样用游戏来帮助孩子学习情绪表达、情绪理解和情绪调节。

✕ 练习情绪表达：照镜子 + "我的感觉"游戏

情绪表达有很多方式，最简单的就是通过脸部表情了。

你可以通过带孩子照镜子，让孩子看脸部表

情,然后和孩子一起对着镜子做出各式各样的表情。

比如,你可以跟孩子说:"来,你看妈妈的脸,这样是'高兴'!我的眉毛和嘴角上扬,然后眼睛亮亮的,有没有?换你,你也做个'开心'的脸给妈妈看!"

就这样,你们可以对着镜子做各种表情,然后彼此观察。如果表情不够,你还可以加上肢体动作。

玩够了之后,你可以带着孩子去观察周围的人,看看他们的表情,观察他们的动作,然后猜猜这些人的情绪是怎样的。像这种观察表情和肢体动作的活动能让孩子学会察言观色,提高对别人情绪感知的敏感度。

孩子很快会发现,不是所有的情绪都可以用表情或动作表现出来。这时,你就可以带着孩子玩情绪图卡的游戏。

怎么玩呢?先找一张白纸,裁成四张图卡的

大小，像扑克牌那样，然后你在上面分别画四种表情的脸：高兴、生气、难过、害怕。随便画，看得懂就行。再和孩子把这些情绪图卡放在桌上，来玩"我的感觉"游戏。最好是爸爸妈妈、爷爷奶奶都一起来玩。

先选一张最能代表你现在情绪的图卡，然后拿起来放在胸前给大家看，说出觉得怎样以及为什么。比如，你选了高兴的图卡，就可以说"我觉得很高兴，因为今天大宝跟我说'妈妈我爱你'"。下一个人是爸爸，他选的是生气的图卡，那他可以说"我觉得很生气，因为今天我被老板说了一顿"。

通过这样非常简单的活动，孩子就能知道，原来情绪背后是有原因的，而且相同的情绪，很可能是由很多不同的原因造成的。比如，同样是高兴，引起大家高兴的事情可能不一样。

反过来孩子还会发现，相同的事情，每个人的感受可能都不相同。同样是看球赛，爸爸可能觉得非常好看，妈妈却觉得很无聊，而这个过程孩子就是在学情绪理解了。

※ 练习情绪理解：玩"他的感觉"游戏

"我的感觉"游戏玩完之后，下一个游戏可以玩"他的感觉"。

什么是"他的感觉"游戏？

就是一群人围一圈，按顺时针或逆时针的顺序，去猜身边这个人是什么情绪。猜完后要说理由，被猜的人还要对猜测进行确认，即猜的人说的是否正确。

比如，孩子先猜坐在右边的妈妈的情绪，他可以选一张图卡，然后看着妈妈说："我觉得妈妈很生气，因为今天她烫了新发型，爸爸都没发现。"这时妈妈要做什么呢？妈妈要做的是"确认"。

如果妈妈真的很生气，就要说"喔，你说对了，我真的很生气"。如果没有很生气呢，妈妈就要说"没有，其实我没有生气，妈妈是体谅爸爸的"。接下来就换妈妈用同样的方法猜坐在右边的人的情绪。

通过这种猜测他人感觉的简单游戏，孩子能学到判断别人情绪的一个简单方法，就是看他的样子。如果脸上带着笑，就猜他很高兴；如果皱着眉头，就猜他在生气。但很多时候，孩子也会发现，别人表现出来的样子，未必是他真实的感受。

比如，孩子可能会说"我觉得妈妈很高兴，因为妈妈脸上有笑容"。但实际的情况可能是，妈妈上了一整天的班，非常累。之所以带着笑容，是因为在陪孩子玩。

那么，妈妈在确认的时候就可以跟小朋友说："对，妈妈现在脸上有笑容，是因为妈妈看到你、在陪你玩。但其实今天妈妈过了很不愉快的一天，我现在心里是很难过的。"

在这个确认跟回答的过程中，孩子就会慢慢

体会到，人似乎是有"表面情绪"跟"真实感受"的，而且表面情绪跟真实感受有时候未必一致。表面的情绪看得到，真实的感受是看不到的，那怎么能猜得到呢？除非对这个人有观察、有了解。

如果你反复多次跟孩子玩这个游戏，孩子就会变得越来越擅长留意周围的人正在经历什么、有什么事情发生。玩到最后，你会发现，孩子在猜人的感受的时候，越来越不依赖脸上的表情，而是靠他对别人真实的观察和了解。这个能力，正是孩子以后在社会上跟人相处时要具备的非常重要的能力。

✕ 练习情绪调节："情绪经验叙说"游戏

如果你和孩子玩了很多天上面说的游戏，孩子对如何表达感受和理解别人的情绪也非常熟悉了，接下来你们就可以用情绪图卡玩"情绪经验叙说"的游戏了。这个游戏也最好有比较多的家庭成员参与。

这次把图卡叠成一沓,面朝下,然后一人抽一张,抽到的人就要根据抽到图卡的内容说一个"我最……的经验"。

比如抽到"高兴",就要说一个"我最高兴的经验"。在跟孩子玩这个游戏的过程中,你会发现,你能听到很多秘密,很多你从来不知道的孩子或家人正在经历或曾经经历的事情。而孩子叙说的过程,就是在进行情绪调节。

有一次,我教一个幼儿园的老师用这样的游戏给孩子做练习,之后老师跟我分享说,她没有想到,原本只是想把情绪图卡给小朋友玩,结果无形中解决了一个大问题。

有一个抽到"害怕"的小朋友说:"我最害怕的经历,就是上次玩角色扮演游戏的时候,在学校的地下室看到鬼。"孩子讲完之后,老师才恍然大悟。这个孩子本来很开心,可是后来一段日子,她却经常闹脾气。她妈妈说本来孩子已经可以自己睡觉了,但现在开始吵着要跟妈妈睡觉,情绪也很不稳定,问她发生了什么事,却问不出、查不到。她妈妈还质问过学校发生了什么事,为此还和老师有一些小小的不愉快。

通过这个游戏,老师才知道是那天角色扮演的游戏吓到了孩子,否则,也许永远都不知道孩子的心里曾经有过这样的恐惧。

就在当天,老师带着全班到地下室去探险,老师打开灯,让孩子们看清楚屋子里没有鬼,只是一些化装道具。这时,孩子心里的恐惧才终于得到了化解。

玩"情绪经验叙说"的游戏,也可以不使用图卡。

比如,有个小男孩因为妈妈生了弟弟,心中嫉妒得不得了,原本听话的他变得爱哭、爱发脾气。

父母和老师知道以后，都很努力地想帮助他，但效果都不好。老师问我是否有什么好办法，我建议她让班里的孩子们分享家里有了弟弟妹妹时的感受。

后来老师跟我说，分享当天，这个小男孩并没有发言，但当其他孩子开始说有了弟弟妹妹之后，自己有多生气、多讨厌、多难过的时候，他非常专心地在听。

有时听别人说自己的悲惨经历其实也是一种疗愈。这个小男孩听了别人的倾诉后发现，原来自己不是全天下最悲惨的人，有比自己更惨的。老师说，当小男孩听到别的孩子说如果和弟弟妹妹多吵一句，还会被爸爸妈妈骂时，他的表情就开始松动了，他发现自己的爸爸妈妈实在好太多了。

等小朋友分享得差不多了，老师接着问了一个非常关键的问题——"那当你们因为有弟弟妹妹而难过的时候，怎么才能变得不难过呢？"

孩子们就开始说，"妈妈照顾弟弟的时候，

爸爸陪我玩，我就不难过了……"这就是在引导孩子往解决问题的策略上去想。这时，游戏把情绪的表达、理解和调节一网打尽了。

当天下午，老师也特别问了这个小男孩："你妈妈最近也生了弟弟，你会不会也有点难过？"孩子微微点点头，还故作轻松地说"还好啦"。然后老师接着问："那你怎么样才会不难过呢？"这个孩子想了想说："嗯，妈妈睡觉前不要陪弟弟，陪我说故事，我就不难过了。"这就是孩子自己想出来的解决方法。

就这样，很长时间得不到有效解决的孩子的情绪问题，就在这个分享活动之后，顺利地化解了。是不是很神奇呢？

关于生二孩之后的情绪教养办法，我在这里还想多分享一些。

老大是家中的第一个孩子，集众人的宠爱于一身。一旦更需要照顾的弟弟妹妹出生，即使父母再怎么做足功课——在孩子出生时给老大送礼物，恭喜他当哥哥姐姐了；让老大协助家人照顾弟弟妹妹，帮忙拿尿布、喂奶，尽可能让他对弟弟妹妹的到来有正面的感受——老大还是能明显地感受到他所受到的关注和关心因为弟弟妹妹的出生受到了影响，而且这种感受很真实。

因此，要求孩子不妒忌或是不难过，是不切实际的，也是不合情理的。父母不要因此觉得老大心胸狭窄或是不乖，而是应该站在谅解孩子的立场上，尽量多给予关爱和支持。

妈妈带弟弟或妹妹时，爸爸可以陪老大玩，或者爸爸帮忙带二宝，让妈妈至少每天都有一段时间可以和老大相处，最大限度地降低二孩对老大心理上的冲击。

等两个孩子都再大一些，可以一起玩了，手足之间的纷争在所难免。这时，父母的处理方式就很关键。

首先，绝对不要有"爸爸比较疼……妈妈比较疼……"的情况出现。在一个家庭里，一定让孩子清楚地知道，爸爸妈妈是同一阵营的，爸爸最爱的是妈妈，妈妈最爱的是爸爸，大家相亲相爱一起玩也好，吵架打闹互不相让也好，总之爸爸妈妈对所有的孩子都一视同仁。

父母一开始的立场就站稳了，可以避免孩子在情感上产生父母偏心或得不到足够关爱的愤恨感，也可以让父母处理手足间纷争时显得更加中立，不用小心翼翼地担心孩子的情感受到伤害。

其次，对于孩子之间的争执，如果有受伤的危险，一定要立刻制止。如果是吵架或告状，父母就要视情况处理了。有时孩子吵一会儿就又一起玩了，这时父母就没必要介入；如果孩子们吵得不可开交，父母就可以把孩子叫过来，让各方都说说发生了什么。

父母在听孩子说的时候，不要急着责骂或给建议，更不要训斥之后把孩子都打一顿，或是让孩子互相说"对不起"了事。这几种方式都起不到任何作用。

父母介入孩子纷争的目的应该是"帮助孩子学习如何解决冲突",而不是"帮他们解决冲突"。听孩子说完事情的经过后,父母只需要简单地帮他们整理一下事情发展的脉络,再注意照顾一下孩子的情绪就可以了。例如,"弟弟刚刚抢了你的玩具,你很生气吧""哥哥都不给你玩玩具,你很难过吧"。

接着要做的是把问题还给孩子,问问孩子觉得应该怎么办。如果一个孩子想出了办法,"哥哥玩五分钟后换我""今天我玩,明天换弟弟玩",父母就可以问问另一个孩子"你觉得好不好",并鼓励他们试试看。

如果孩子相互僵持着都不肯让步,父母只需要说"那就没办法了,好可惜,你们就都不能玩了",然后把玩具收起来。

不用担心,孩子如果真想玩,过一阵子就又

玩在一起了。而且，他们会发现，有争执的时候最好能自己想办法协商解决，否则下场就是自己没得玩。

处理孩子的告状也一样。孩子告状无非是希望对方受到惩罚，除非是一个孩子打伤了另一个孩子这种必须立即处理的严重情形，一般类型的告状，诸如"弟弟洗完手没有擦""姐姐没有把杯子放回去"等，建议父母冷处理，即只要说"我知道了"就好。

如果是因为小冲突而告状，例如"妹妹拿我东西""哥哥说我长得丑"，父母就可以跟孩子说"请你自己亲自跟她说把东西还给你""你自己跟哥哥说，他这样说你很难过"。孩子照做了，就赞美他们；孩子不去做，就不用再理会这件事了。

手足之间的相处是孩子学习人际协商的最好机会，父母要懂得忍耐和放手。现在很多孩子上了小学还是动不动就跟老师告状，或者和同学相处不好，明显缺乏人际交往的能力。

如果父母希望自己的孩子将来能很好地和同学相处、不被欺负、妥当处理人际冲突，就应该在孩子小的时候给他提供学习的机会，而父母在手足之间的正确引导就变得十分重要。

最后，为了手足之间好好相处，父母必要时可以制造机会让孩子们互相表白心意。例如，让孩子玩说对方优点的游戏，能说出最多者获胜；经常交付一些孩子们可以一起完成的家事小任务，让他们有合作的机会，并在任务完成后告诉孩子，他们没有吵架很棒，还可以给一些物质鼓励。

日常生活中，父母更别忘了鼓励并赞美孩子展现出友善的行为，为孩子贴上人格标签。有客人来时，特别是在孩子听得到的时候，可以跟客人说"我们家这个儿子很棒，很多事情都会照顾妹妹，我真的很高兴"之类的，尽量让孩子知道自己是多么友善，父母是多么以他为荣。

家庭氛围和谐，父母在同一阵营，小时候打打闹闹的孩子终究会随着长大感情越来越好，做父母的不必过于忧虑。

总之，你可以通过照镜子、情绪图卡等游戏，帮助孩子学会各式各样的情绪表达，懂得分析各种情绪背后的原因、理解别人的情绪、练习情绪的叙说和调节。

很多家长曾经问我，如果孩子已经错过了情绪教养启蒙的最佳时期，在情绪表达、调节等方面的能力很差，该怎么办，是不是上面的这些游戏就没有什么用了？

我想说的是，情绪教养是一辈子的功课，既然意识到了在孩子情绪教养方面的不足，那就从此刻开始吧！年龄大一点的孩子也可以做上面的游戏，而且他们能回答的内容和质量会比年幼的孩子更加精彩。

情绪教养的核心不在于年龄，而在于父母要给孩子一个机会，让孩子说说他经历了什么、有什么感受。

父母不要总以教导或教训的方式和孩子对话，而是要先用心倾听、同理孩子的感受，再问问他是如何处理的。渐渐地，孩子就会和父母交心，亲子间的沟通就会产生变化，孩子在处理自己情绪方面的能力也会提高。

下一章，我来告诉你如何用绘本对孩子进行情绪教养。

04

绘本教养法

孩子讨论情绪的过程,
就是经历和理解情绪的过程。

情绪的种类有很多，除了之前提到的高兴、生气、难过和害怕，还有得意、害羞、尴尬、嫉妒等。想要表达和理解这些情绪，玩图卡好像还不太够，这时情绪绘本就派上用场了。

现在图书市场上，有很多跟情绪相关的绘本，你都可以好好利用。如果不通过语言把情绪表述出来，它其实就是一个朦胧的状态。而通过语言表述情绪，你就会发现还可以做很多关于情绪的复杂细致的讨论。

孩子在讨论情绪的时候，就是在经历情绪和理解情绪，这样的过程对于他在真实生活中准确表达情绪，会很有帮助。

孩子在读绘本的过程中，看着故事中人物的经历，他很多梗在心里的结就会得到疗愈。我们跟孩子讨论情绪绘本，是帮助孩子感受、理解情绪的一个非常好的方法。

那么，该如何用绘本来扩张和加深情绪的讨论呢？

✕ 善于运用特别设计的情绪主题绘本

你可以选择一些跟情绪有关的绘本，只要是有故事情节的，尤其是贴近孩子生活经历的，都可以成为很好的素材。

我先给你介绍一些与情绪相关的绘本。有一套系列丛书叫"我的感觉"，包括《我好难过》《我好害怕》《我好生气》《我好嫉妒》等几个单本。这套书很不错，是儿童心理学家写的，所以不是文学性的绘本。书的基本结构非常清楚：有一个故事主角，他发生了一些情况。

比如，《我好生气》这本书在开始时就写道：

"我好生气,因为有人取笑我;我好生气,因为玩得正高兴,却要停下来整理房间;我好生气,因为终于可以去游泳,可是却下雨了。"

绘本在一开始就会告诉你,是哪些情况导致了生气这个情绪。描述了各种情绪产生的原因之后,绘本接下来会告诉你,生气是一种什么样的感受。比如,怒气是一种火辣辣的感觉;生气的时候,我想说难听的话、大叫,或是打人。

描述完生气的感受之后,就会进入调节策略。绘本会告诉你,生气的时候,可以离开那个让你生气的人,还可以用力吸气,再大口吐出来。或是做你喜欢的事,让自己冷静下来。

像这一系列的情绪绘本,基本上是为了教导孩子的情绪而特别设计的。在给孩子讲这些绘本的过程中,你可以跟他讨论:"你有没有生气的时候啊?什么时候会生气呢?""对你来说,生气是什么感觉?"或者你也可以问问孩子:"生气的时候,你都怎么办呢?"

✕ 针对某种情绪，选择专门的绘本

你可以针对某种特定的情绪，去找一些绘本来跟孩子讨论。

比如，关于生气这种情绪，相关的绘本很多，我介绍的这本是《我变成一只喷火龙了》。

绘本讲的是有一只叫阿古力的恐龙，每次生气就乱喷火，会伤害到别人，后来费尽千辛万苦它才终于不喷火了。

有趣的是，我讲完这个故事后，曾让小朋友们把他们认为的火熄灭时阿古力的心情画下来。结果，小朋友们画出了各式各样的情绪表达。我跟你分享一个最特别的表达。大部分的孩子都画了阿古力的脸，有的笑，有的哭。可是有个孩子画得很不一样，他画了一张海边的景色图。

我问他："为什么阿古力的心情是这样的？"他说："经过了这一过程，它的心情就像海浪在拍打沙滩，太阳出来了，然后微风吹过来。"这个孩子把阿古力的心情描述得像诗一样。通过这些表达你会发现，孩子对于情绪的感知是非常敏锐的。

讲情绪绘本的时候，除了口头上的讨论外，你也可以让孩子画画他认为的主角的感受，然后再针对他画出来的，去跟他讨论为什么会有这样的感受。通过对情绪绘本的讨论，你会发现，绘本可以带来非常丰富有趣的表达。

╳ 善用解决情绪难题的贴心绘本

孩子有时候会遇到像亲人过世、宠物死亡等比较难处理的问题，你可能很难跟他谈这些情绪。遇到亲人过世，我们自己往往都处在悲伤中，更不知道应该怎么跟孩子谈了。这时，也可以用一些贴心的绘本来帮忙。

有一套系列绘本叫"我的小小忧伤",把孩子可能会经历到的各种不好的情绪,父母离婚、宠物过世或者在学校被朋友拒绝等,都画进了绘本里。

这套绘本是无字书,图片本身就能传递很丰富的情绪。你在跟孩子看图的过程中,可以让他说说他觉得图中发生了什么事,故事中的人物有什么感受,他自己又有什么感受。

我在教学过程中就使用了这套绘本,因为它很贴近孩子可能出现的状况。很多时候,在分享的过程中,幼儿园那些很吵闹的小朋友都能安静下来,专心地投入到绘本的情绪中。看完绘本,他们会说出自己曾经经历过什么事,有什么感受。

这样的情绪绘本,可以帮助孩子体会很多深层的困难的感受,对情绪学习有很大的帮助。

✕ 给爸爸妈妈看的情绪绘本

最后再给你介绍一本情绪绘本——《大嗓门妈妈》。老实说，这本绘本我其实是推荐给爸爸妈妈看的。上述那些绘本是教孩子认识、把握情绪的，可是我们会发现，很多父母其实连自己的情绪都掌控不好。

随便问一个小孩："你的妈妈最常有的情绪是什么？"大多数孩子一定会告诉你是"生气"。因为妈妈非常累、非常辛劳，总是很容易生气。

可是你知道吗？如果你经常被暴怒或生气的情绪所掌控，对孩子来说，就可能是一种伤害，甚至会引发孩子对父母的怨恨和恐惧。

另外，过度的暴怒，其实是在做反面的示范给孩子看，证明爸爸妈妈在遇到挫折和不如意的时候，只会发脾气，处理问题的能力太过拙劣。打骂的教导方式没有任何效果，孩子不会从中学到任何新的有用的行为。

如果你发现自己已经陷入情绪的困境中，就要想办法解决。或者休息，或者寻找支持，这是非常重要的。你要冷静、沉淀下来，回想一下发生了什么事情，要给自己喘息的空间。

《大嗓门妈妈》有这样一段话，我摘录出来献给天底下正在生气的妈妈：

今天早上，妈妈冲着我大声吼叫，那声音把我震得四分五裂，脑袋飞上了宇宙，身体掉进了海里，翅膀迷失在热带雨林，嘴巴落到了山顶。

看到了吗？妈妈的愤怒把孩子都震碎了。很多时候你以为孩子还小，什么也不懂，跟他发完脾气后，事情就过去了。其实不是的，对这个小小的孩子来说，他最亲爱、最依赖的人对他的暴怒，是会让他破碎的。而且，不管你怎么凶他，他都无法从你身边逃离。

父母如果经常性地责罚或打骂孩子，孩子就会被迫发展出一些说谎、掩盖、讨好、做表面功夫的性格来应付父母，结果孩子就开始在品性上出现问题，孩子原本单纯的心性就是这样被迫失去的。

不要再和孩子乱发脾气了。如果你因为照顾孩子已经累到动不动就要发脾气，你一定要稍微停一停，重新调整自己。即使过去你打过、骂过孩子，也还是可以重新来过的。请先练习爱自己、修复自己，让自己快乐起来，然后你才有能力好好教导你的孩子。

打骂、发脾气都不是好的教育方法，那该以什么样的方式管教孩子呢？我认为，应该根据"找出孩子不当行为的原因"和"教孩子新的合宜行为"这两个管教目标分别进行讨论。

第一，找出孩子不当行为的原因。

管教孩子之前，一定要先弄清楚孩子不当行为的原因，根据原因做适当的处理，以免管教无效，甚至造成不必要的遗憾。

如果孩子的年龄大一点了，父母可以问他发生了什么事，有什么委屈和难处，大人用同理心的方式倾听，孩子会愿意说。如果孩子还小，问不出个所以然来，这时就需要用到观察的技巧了。

父母要明白一个道理：事出必有因，除非身体上或心理上有特别的状况，否则孩子不会无缘无故出现异常的行为。

当孩子有不当行为时，父母要做的是留意有什么特别的人、事件、场合或时间伴随出现，经过几次观察之后，重复出现的人、事或物的交集，通常就是父母要找的答案。

比如，一个孩子最近突然变得很爱攻击人，父母就可以观察孩子每次打人的时候身边是不是有重复出现的人、事或物。

如果父母发现孩子每次攻击的都是同一个小朋友，原因可能是和这个小朋友之间的恩怨，此时父母要做的是调和孩子之间的矛盾；如果孩子每次打的都是不同的人,但时间都是在早上刚入幼儿园时,原因可能是睡眠不足导致早上情绪不稳,此时父母要做的是调整孩子的作息;如果孩子攻击的人和时间并不特定,但每次攻击都发生在有人开玩笑的时候,此时父母可能就要处理孩子自尊受损的问题了。

不同的原因需要不同的处理方式。要想管教有效果,一定要先把原因弄清楚,对症下药。"误诊"以及打骂不仅会导致管教毫无效果,甚至会让情况恶化。

第二,教导孩子用新的行为取代原有的行为。具体的管教方式有如下几种。

1. 行为奖惩。

当孩子比较小时,对于社会规范还没有清楚的认知,这时要孩子学新的好行为,"赏善罚恶"的方法会立竿见影。父母可以用清楚的话语,明确告诉孩子什么该做、什么不该做,孩子做到了就给予奖励，做不到就要受到惩罚。

通过行为奖惩要求孩子，虽然很容易看到表面的效果，但这种方式通常只在父母在场时有效。因此，当孩子开始能听懂道理时，父母进行教导就不能只依赖外在行为的控制，还要加上认知说理。

2. 认知说理。

跟孩子"讲道理"是现代父母最爱用的招数，但爸爸妈妈很快就会发现,在努力地说完大道理后，孩子行为的改变非常有限。为什么会这样呢？

研究发现，孩子的行为要通过认知历程来改变，不是光靠父母说说就可以做到的。"讲道理"要有效果，至少要有两个条件的配合。

一是确认孩子是不是有认知涉入。

父母在讲道理时先要留意，自己所说的大道理是不是孩子所处的年龄和阶段能明白的。在讲道理时，最好用浅白的话语加上孩子在生活中会遇到的例子，这样孩子才知道你在说些什么。

另外，不要等事情发生了，才怒气冲冲地对着孩子边骂边讲道理，这样效果会很差。父母平时就应该利用各种生活中的例子跟孩子讨论。

比如，孩子发现学校里有小朋友会欺负别人或偷拿东西，父母可以借此和孩子做价值澄清：先呈现事件，让孩子表达看法，再通过引导式的提问帮助孩子思考问题。

父母越不急着告诉孩子结论，让孩子通过讨论来思考，孩子的认知涉入就越深。用这种方式说出来的道理，才能真正进入孩子的心中。

二是认知与行为教导并进。

很多父母以为，不打不骂，讲完道理，自己的管教就完成了。事实上，孩子在"懂了道理"之后，父母还要让孩子知道"怎么做"，认知教导才算完成。

以欺负人为例，父母除了要告诉孩子打人是

不对的，别人会痛会难过之外，还要让孩子学习，如果与人有冲突，应该怎么做，或是有人想伤害自己时，应该要做出什么反应。

这种教导就像"实战模拟演练"。只有孩子的大脑有能力做道德判断，再加上实际行为的演练，才能帮助孩子在真正面对情境时知道如何应对。

3. 情感涉入。

或许父母们要质疑，订立行为规范、讲明各种道理，这不就是长久以来父母和学校教育一直在做的吗？但为什么对孩子的管教还是会陷入困境呢？

越来越多的研究指出，父母管教最大的问题就是：忽略了情感的体验。

要使认知及行为的教导真正内化成孩子的一部分，情感的体验是不可或缺的。例如，孩子因争夺玩具打伤了弟弟，爸爸妈妈除了给予惩罚，告诉他伤害别人是不对的，更应该让孩子去亲眼看看弟弟的伤口，见证弟弟的痛苦。同时，要对这个手足伤害的事件表达父母心中深切的哀伤。

唯有激发出孩子对弟弟痛苦的同理情感,并体会到伤害别人的罪疚感,这种情感的深刻激荡才能让孩子在下次面对类似情况时,能够自我克制,不再做出伤害人的行为。

少了情感激发的层面,只是惩罚加上说理,有时甚至会造成反效果,使孩子看不见自己行为的过错,还会认为是弟弟害他被爸爸妈妈骂。

若父母能通过行为的要求,加上认知说理与情感体验,帮助孩子提升判断的层次,孩子就能渐渐地由他律转向自律,成为一个成熟的孩子。

4. 爱与榜样。

前述的方法着重在"怎么教",但爸爸妈妈要意识到,对孩子而言,更重要的是"谁在教"。

曾有一个很发人深省的实验,两名研究者进入一个班级中,一名研究者表现得仁慈又有爱心,另一名研究者则表现得刻薄恶劣。这两名研究者与班里的孩子相处两个星期后,一位经过安排的募捐者进入班级,要求孩子们捐助金钱或文具帮助可怜的孤儿。当孩子捐完东西后,一半的孩子得到仁慈研究者的赞赏,另一半孩子得到刻薄研究者的赞赏。

一星期后,募捐者再度被安排进入班级募捐,实验结果是:得到仁慈研究者赞赏的孩子,捐助行为增加,而得到刻薄研究者赞赏的孩子,捐助行为大幅减少!

这个实验给我们一个很重要的提醒:孩子一直在评价父母是什么样的人!如果父母自己在行为上没有给孩子树立好榜样,再多的管教也无济于事。

如果父母用尽了方法,却发现孩子还是不买账,或许父母应该反躬自省,是不是自己平常的言行使自己在孩子眼中没有说服力。

"教育之道无他,唯爱与榜样而已。"管教是一条漫长却又非走不可的道路,父母要善用认知、情感、行为的方式教导孩子,再加上以身作则的榜样,才能教出品性良好的孩子。

下一章,我会告诉你,在真实情境中要如何引导孩子处理情绪。

05

真实情境教养法

把争执当成机会来教孩子，
教他怎么表达感受，
怎么跟别人协商。

前面两章我教你通过简单的情绪图卡游戏和绘本讨论,帮助孩子认识情绪。但是不管怎么样,毕竟还不是真实的情境。

现在很多孩子,不要说是幼儿园的,就是小学一二年级,甚至是小学中高年级、初高中的孩子,在遇到各种简单的人际问题时,都不知道该怎么处理。

比如,有的孩子上课时会突然举手说"老师,他拿我的笔"。老师看了一眼说"你自己跟他讲"。他再跟旁边的同学说"老师说叫你把笔还给我",旁边的孩子说"我不要",然后他就又举手说"老师,他说他不要",等着老师再给他解决。

这样的例子并不极端,反而是很常见的场景。小的时候会告状,大了之后就生闷气、装酷,然后人际关系随之出现一大堆问题。

这样的孩子到底怎么了？其实就是没有人教他，在冲突情境中，可以通过很简单的情绪表达和协商解决问题。

接下来，我就谈谈怎么教孩子处理人际交往中的冲突。

※ 描述情境，表达感受

对于 6 岁以前的孩子来说，最重要的情绪问题可能就是来自他和其他小朋友交往时所发生的冲突。

比如，一个孩子正用积木搭建巨大的宇宙战舰基地或城堡之类的大工程，而且已经花了大概四五十分钟。这时，一个"冒失鬼"突然冲过去，把他刚刚辛苦搭的积木全都弄倒了。这个孩子就抓狂了，可能会拿了积木往"冒失鬼"身上丢。老师也可能会立刻赶来制止说:"你不要生气,说说看怎么了!"可这时处在暴怒状态的孩子可能只会说"我要打他",只会丢积木。

如果是你,这个时候要怎么办?之前我们提到过,要让孩子把内在情绪通过语言表达出来,并在平时就要教他怎么说。

假设你已经教过孩子了,他现在可以表达:"他冲倒了我的积木,我很生气,我要打他!"但就算孩子描述了真实情境、表达了感受,你还是会发现这还不够,因为还没法解决问题。

✕ 让孩子自己协商解决问题的方法

父母或老师最常见的处理方法就是把两个小孩叫来,让他们一个个地说刚才发生了什么事情。说完之后,大人就会充当和事佬,跟孩子说:"好啦,你搭积木很辛苦,但他也不是故意的,现在两个人握握手做好朋友吧。"

可是矛盾这么深,辛辛苦苦搭了快一个小时的积木,就这样被弄倒了,孩子还是会很生气,根本没办法握手做好朋友。

这时,父母通常会说:"他把你积木弄倒了,这样好了,我叫他帮你把积木堆回来,好不好?"你自己可能觉得这样处理很合理,发生冲突,先问发生了什么事,然后告诉孩子对方不是故意的,再叫对方堆回来,这样有什么不对吗?其实,很多时候父母、老师出的都是"馊主意"。

你有没有想过,对孩子来说,原本是自己在搭积木,结果不仅积木被撞倒了,现在父母还叫别人来一起搭,孩子什么补偿都没有得到,情绪自然无法平复。而且,对撞倒积木的孩子来说,他根本不知道你孩子的宇宙战舰基地怎么弄,你要他帮忙搭回来,也是在难为他。

父母和老师认为的合情合理的、明智的决定

或建议，对孩子来说可能根本不是这样。孩子的情绪没有平复，要补偿的那个人也不知道该怎么补偿。所以，协商这件事，不应该是父母帮孩子做，而是要留给孩子自己去做。

那要怎么教孩子协商呢？我们回到刚刚的场景，孩子的积木被弄倒了，他很生气地说："他弄倒了我的积木，我很生气。"接下来你要问孩子："嗯，你很生气，那怎样你才会不生气呢？"你让孩子去想，他到底要什么。

如果你这样问，孩子给出的答案很可能非常出人意料。他也许要的不是"帮我堆回去"，而是"要他把怪兽王卡给我3张"。这绝对是你想不到的答案。但对当事人来说，如果因为积木被撞倒，能真的得到3张最珍贵的怪兽王卡，那他所有的创伤就都平复了。也就是说，这个协商的结果才是当事人真正想要的。解决问题的策略，是你要让孩子自己去想。

假设孩子说"我要他那3张怪兽王卡"，这

时你要做什么？如果你直接跟对方说"你把人家积木撞倒啦，你要给他3张怪兽王卡"，对方可能会说："不行啊，我只有3张，我才不要给他。"所以，你不要仲裁，不要给意见，只要穿针引线就好了。

你可以跟对方说："你把积木撞倒了，你对不起人家哦。"对方这时可能就会说："给他3张怪兽王卡不行，这样好了，我给他5张昆虫卡吧。"

你注意到了吗，其实对方也在协商，两个孩子都在协商。一个孩子是因为受到伤害而提出要3张怪兽王卡的要求。而对方可以接受的条件是，因为闯了祸而用5张昆虫卡作为补偿。

这时你可以问孩子"给你5张昆虫卡好不好"，孩子如果同意，事情就此结束，他们都得到了彼此满意的结果。如果孩子说"5张不行啦，8张"，你可以接着问对方8张行不行，7张，6张，直至成交。

协商能力让孩子一生受用

你在做这个事情的过程中,很重要的任务就是教孩子去想,在这种情况下,什么是自己可以接受的补偿。孩子也会明白,并不是受到伤害就可以漫天要价。

通过协商,孩子会认真思考,什么才是一个自己既可以得到补偿,对方又给得出的合理的要求。

父母不要随便出主意,而是要协助孩子与他人协商。如果在孩子小的时候你就能教会他协商,这将是他一生中极其珍贵的能力。

当孩子面对冲突场景的时候,你可以问他想要怎样,如果他说得出来,就让他们去协商;如果说不出来,你也可以给建议:"你想不出来,那妈妈想想看,这样好不好……"但之后的协商过程和得出结果,还是要由孩子去完成。

如果一个孩子学会了协商,当同桌没有经过

允许就把他的笔拿走时,他可能会说"你干吗拿我的笔,还给我",而不会那么无聊地去跟老师告状。拿东西的孩子如果不还,他还可以继续说"你不还我就跟老师讲哦"。如果同桌人高马大、态度蛮横,不是那种好吓唬的人,他可能就会说"好啊,借你没关系,我们交个朋友吧"。

也就是说,如果你的孩子已经掌握了观察和协商的能力,那无论遇到什么情况他都是有能力去应付的,你根本就不用担心。

孩子小时候常会跟兄弟姐妹、幼儿园的小朋友发生争执,你不要总是教训他,而是要把这些争执当成机会,教他怎么表达感受,怎么去跟别人协商。

这种被好好教导过的孩子会知道,面对不同的人,在不同的情况下,自己要提出什么条件,或者怎么样去协商,才对彼此最有利。

如果孩子在年幼的时候就能培养出这种能力,

等上了小学、中学，他的成长之路就会顺利很多，甚至在长大成人后，也将非常受用。

所谓养兵千日，用在一时。平时教导的时候功夫下得深，孩子在真实生活中才能展现出能力。

下一章，我们来说说如何对青春期的孩子进行情绪疏导与情感教育。

06

青春期孩子的
情绪疏导和情感教育

帮助孩子慎重看待自己的情感跟身体，
让情感和婚姻的教导
在青少年时期就打下基础。

前面几章是关于幼儿时期情绪学习的内容，这一章，我来跟你说说儿童和青少年的情绪学习。

✕ 儿童时期：打好情感根基

儿童时期，也就是孩子 6 ~ 12 岁这个阶段，其实是一个情绪社会化继续延伸的过程。

从幼儿期的晚期，一直到青少年前期的这段时间，孩子逐渐开始懂事，表现比幼儿期更成熟稳定。孩子的观察和理解能力都会展现出来，他会去观察周围的人如何互动。

在这一长达五六年的时间里，孩子最重要的观察对象是谁？其实就是父母。孩子生活在家里，父母如何对待彼此、如何相处，会在他脑海中形成一个不可磨灭的印象，成为他内建的互动模式，会影响他以后的人际相处，甚至是婚姻。

很多研究已经发现，父母的婚姻品质跟孩子的婚姻品质是会代代相传的。所以，再次提醒，给孩子一对相爱的父母和一个温暖的家庭，是非常重要的。

除了这个情感根基要牢固树立，其他如情绪表达、情绪理解，还有情绪调节的策略等，之前教幼儿做的，儿童时期仍然可以继续。而且你会发现，陪着处在儿童期的孩子继续做这些事，品质和深度会很不一样，孩子情绪表述和讨论的能力会比之前有更多的提升。

✕ 青少年前期：少说多听 + 重复语尾

过了 6 ~ 12 岁这个比较稳定的时期，孩子就进入了最棘手的青少年时期，也就是 12 ~ 18 岁这个阶段。

在这个时期，很多父母开始发现：当年的那个小天使，不知道什么时候消失了，孩子变得很不讲道理，情绪变化多端，没有办法相处。你甚至会发现他们有一些让人受不了的行为，比如，很爱强辩、以自我为中心、故意找碴。

这些行为的背后，并不是他翅膀长硬了，开始讨厌你了，或是他变坏了。事实上，影响青少年变化的一个重要因素，是生理上的变化。孩子体内性激素的剧烈变化影响到他大脑的改组、身体的发育、认知的改变，以及情绪人格的发展。

我有时候会说，青少年期，好比是人家正在施工装潢房子，这时候你跑过去，不仅希望人家好好招待你，还希望对你有礼貌，这些要求有些不现实。青少年时期正是大脑最忙、身体最忙、功课最忙的时期，所以，它是一个很不好对付的阶段，也是很重要的孩子情绪学习的转折阶段。

如果你家里有比较大的孩子，尤其是青春期前期的孩子，父母要做好心理准备，可能会经历一个"你一言他九顶"的过程。但同时你也可以换个思路看待这个问题，你只有一言，他想得出九种方法来顶你，这说明他很有本事、很有创意呢！

孩子的多元思考能力开始显现，他会用各种不成熟的方式去反驳你的意见。你要做的事情不是去跟他生气，而是支持他这个能力的发展。作为青少年的父母，心脏的承受能力一定要强大一些。

如果你的孩子在青少年前期，你首先要做的事情，就是从现在开始，"少讲道理，不要唠叨"。你讲的道理他其实早就知道了。在物质生活上给他照顾，关心他、爱他就可以了。而且你还要学会倾听，这样就有办法跟孩子保持沟通。如果不懂倾听，一味地讲，冲突在所难免。

很多父母会说，有时候听孩子讲，不由得就会火冒三丈。其实，在听的时候只要做出倾听的"样子"就好了，并不需要真的把他讲的所有内容都听进去。因为这个时期的孩子说出来的话根本就不成熟。倾听的时候有个很简单的方法——重复语尾（重复孩子说的最后一句话）。

比如，儿子放学回家，你可能在厨房洗菜，他一回来就跟你说"妈，我跟你讲，我们的老师……我真是很想骂他"。你听了之后觉得问题太严重了，儿子都想骂老师了！于是立刻放下手边的工作，开始和儿子坐下来促膝长谈。

你给他分析、讲道理，一个小时的谈话结束了，孩子会得出一个结论——以后学校有任何事，一定不要让爸爸妈妈知道，免得遭到一顿教训。当你三番五次这样做，道理讲不停，分析没完没了，孩子以后什么事都不会跟你讲了。

其实很多后来出事或变坏的青少年，他们家长的第一反应都是"怎么可能呢，我的孩子不会这样"。这背后代表的意思其实是：孩子已经好长一段时间，没有告诉你他真正的想法了。

为了避免孩子从此不再跟你沟通,当事情还没过度发展的时候,请你不要过度回应,只要倾听就好。怎么听?回到刚才的例子中。孩子放学回家,他跑来跟你说:"妈,我跟你讲,我们老师……我真想……"你呢,该做什么还继续做,但要把他说的最后一句话重复一次。

所以,你的回应应该是"真的哦,你要对抗老师哦"。孩子接着就会说"不是真的要那样,我就是觉得老师的所作所为让我很生气……"你这时就再顺势重复他的最后一句说"哦,你很生气哦",就可以了。

孩子听到你接纳了他的感受,可能会再继续说一些话,然后就会说"我说完了,去做功课了"。这时,你要面不改色地继续重复最后一句"哦,你要去做功课了",接着让他去做功课就好了。孩子没有真的要去对抗老师,青少年往往会用这种夸张的方式讲话。

当他讲完这一大段话,你复述他最后一句话

的时候，孩子会觉得，妈妈在听我说话，理解了我的情绪。他把情绪抒发完，当发现妈妈没有骂他时，他就会继续心平气和地把要讲的事情讲完，把积攒了一整天的怨气吐完，然后开开心心地回房间去写作业。

当你每次都这样做的时候，你会发现，孩子总会有事情跟你讲，因为你有同理心，对他没有任何威胁。长期这样保持畅通的沟通渠道，孩子万一真的发生什么事情，你就会在第一时间知道。

✕ 青少年后期：教孩子把性和爱连接到一起

到了青少年后期，孩子的性生理开始发展，但心智还非常不成熟。你要帮助孩子在开始长大、开始有性欲、开始很冲动的时候，把性跟爱这两件事，慢慢地拉在一起。

一开始，你要表现出你对孩子身体发育的正面态度。女孩月经来潮、胸部发育了，男孩变了声、长了点胡子、开始梦遗了，你可能都会知道。那你该怎么反应呢？

我家女儿开始发育时，我就先跟她说："在未来几个月或不知何时起，你可能会在裤子上发现血迹，那时不要害怕，妈妈在你书包里准备了备用的裤子和卫生棉，你冷静地去换就好了。"

有一天，孩子在我上班时打电话和我说："妈，我来那个了，我都换好了，没事。"她一点儿也不慌张，因为我为她做了准备，这一点很重要。当天我提早下班去接她，请她好好吃了顿饭，还送了她一盒漂亮的巧克力，告诉她妈妈很高兴看到自己的女儿长大了。

当然，你也一定要把握关键时刻，我当时就"顺便"说了点爱情婚姻甚至生育的话题。好多年以后，我们在整理家里东西时，我发现她还留着当时的巧克力盒子呢！

看吧，身体发育对孩子来说其实是大事。而我这么做，她体会到了妈妈的体贴和照顾，也理解了身体变化和与未来的连接。也只有当孩子知道了妈妈在乎自己、懂自己，孩子有事才会和妈妈说。

儿子也是一样的。在他处于身体发育阶段时，你买好剃须刀放在他桌上了吗？给过他治疗青春痘的药吗？你有没有和他聊过当年自己身体发育时的糗事，或带点玩笑却又很真诚地问他有没有喜欢的女生？你和他说过你对爱情、家庭和为人父母的体会吗？这些事情你都可以提前准备，这些话题你也都可以和孩子真诚地聊聊。

你要让孩子知道你在留意和关心他的身体变化，更要让孩子明白，绝对不是身体长大了、有性冲动了，就可以随便和别人发生关系。因为这件事是跟感情和未来家庭的建立绑在一起的，甚至是跟将来为人父母、教导孩子绑在一起的。

孩子如果对他的一生有长远的规划，就不会放任自己身体的冲动，反而会把身体的成长跟爱、情感、婚姻、人生去做连接。仔细地教导之后，你会发现他会珍惜自己的身体，会成熟地看待情感，恋爱也可能比较晚，人会比较稳重。

在青少年后期，你不要觉得性教育就是学校的生理卫生教育，是老师的事情。即使你不教孩子，也有电视媒体、网络、社会大众以及其他的人帮你教。但外界信息鱼龙混杂，孩子能学到什么就不受你控制了。所以，请不要放弃为人父母的责任。

当孩子开始发育、开始对感情好奇的时候，你的教导就要开始了。比如看电视剧的时候，可以问问女儿："如果你是女主角，会选谁当你男朋友？为什么？"或是看了电影、新闻后，问问儿子："那个男生交了一大堆女朋友，你有什么看法？"你可以很轻松但真诚地听听孩子的看法，同时也可以表达对他交友和婚姻的看重与期待，甚至可以跟孩子分享你对爱情和婚姻的体会，孩子是会很认真地听的。

在青少年时期，帮助孩子慎重看待自己的情

感跟身体，在青少年时期就在情感和婚姻问题上进行正确的引导，对孩子今后的发展是非常重要的。

总之，在孩子进入儿童期及青少年期时，你要多听、少说，保持沟通的畅通。另外，不要忘记你为人父母的职责，要把性教育、爱的教育、情感教育、婚姻教育、生命教育，一起告诉孩子。当孩子还在你身边的时候，用心、尽力地做好父母保护和教导的职责，这是把真正的祝福带进孩子的人生。

下一章，我要跟你谈谈大人的情绪学习。

07

教孩子之前，先学会爱自己

生活需要平衡，
父母要想办法让自己重新找回快乐。

大人自己的情绪学习为什么重要？因为如果父母本身不快乐，没有健康的情绪处理方式，怎么能期待给孩子一个好的教导？

其实很多成人在成长过程中，也未必有好的父母来引导，遇到事情，也没有人教他们怎么处理。以至于有一天，当他们为人父母的时候，连自己的问题都处理不好。

大人在进行情绪学习时，先要排除掉自己的情绪地雷，然后再重新修复并建立自己。

✕ 排除情绪地雷

情绪地雷是在成长过程中积累的一些情绪上

的节点，即你在什么事情上总会过不去。比如，有时候别人说了一句话，你会有万箭穿心、受到巨大伤害的感觉，但其他人听到类似的话并不会有什么特别的反应。

这种让你情绪格外激动的话或事情，其实就是你的情绪地雷。这个地雷必定事出有因，你要找到它、排除它，才能让自己重新获得自由。

如何找到情绪的节点呢？有一个很简单的方法：随身带一个笔记本，遇到让你情绪波动的事情，就立刻记录下来，是谁、在什么时候、为什么让你产生了这种情绪。不用评价，不用反省，不用写日记，只是简单记录，然后搁置它。

过一两天你又觉察到了让你难过或生气的事情，就在笔记本上再次简单记录。

就这样一次一次地记录，只要一两个星期，你一定会找出自己的情感模式。而那个地雷，就是这些人、事件、时间、地点或物品的交集点。比如，通过记录你可能会发现，原来每次都是因为某个人而生气，或者每次遇到某一类的事情就会受不了。这就是你的情绪反应节点。

找到这个地雷之后，你就要好好地、勇敢地去面对它。如果总是某个人让你痛苦，你可以想想，是否可以沟通或调整，还是干脆离这个人远一点。如果你发现自己接受不了别人的批评，那就要反思一下为什么会这样，是成长过程中有过什么特别的经历，还是个性需要调整。

有时我们会被某个人或某件事绑架，但由于察觉不到，就一直任由自己陷在其中。有的家庭有婆媳问题，有的丈夫以爱为名掌控妻子，有的父母以不成熟的方式向孩子索求孝心，有的上司以隐蔽的方式霸凌下属。

不管是哪方面的问题，只要你能清楚地知道自己想要的人生是什么，就一定会找到解决的方法。有时候，不解决可能也是一种解决方法，但必须是在你想清楚之后，再做出决定。

※ 采取行动改变自己的情绪模式

找到并排除情绪地雷之后,接下来你要做的,是采取行动改变自己的情绪模式。

我们知道,每一个人的情绪人格大致是稳定的。有些人不管发生什么事,都能保持快乐的情绪。可还有一种人,每天一副厌世的样子,你也不知道他为什么就是高兴不起来。

你属于哪种人呢?当你了解了自己情绪人格的"水平线"之后,你会发现情绪会围绕这个"水平线"上下波动,而且波动的范围不会太大。那情绪人格的"水平线"可不可以调整?其实是可以的。

美国哈佛大学开了一门非常受欢迎的通识课程——"快乐学",这门课就在探讨人类为什么会快乐。大量的研究资料表明,人类所能经历的快乐大概有三个层次。

第一层最常见,叫"感官的快乐",也就是

立即能享受的快乐，比如吃好吃的东西、穿漂亮的衣服、出去玩等。像这种感官的快乐，大家都喜欢，也是很容易得到的快乐。

第二层次叫"幸福的快乐"，就是为了达成一个目标，要暂时牺牲眼前的感官快乐，以获得更好的成果。比如，刚结婚的夫妻日子过得很自由，但有了孩子，下班后基本上就没时间看电影、喝咖啡，感官的快乐没有了。当你终于把孩子哄睡着了，看着他熟睡的小脸，你会突然觉得很幸福，这种幸福跟看电影、喝咖啡的快乐是完全不一样的。你得到的是一个更深层、更持久的快乐，这就是"幸福的快乐"。

人类能够经历的第三层次的快乐，叫"意义的快乐"，就是你完成某件事对你的人生来说意义重大，但它基本上没什么享乐的成分。比如，当志愿者，去服务需要帮助的人，你有没有什么感官享乐和幸福快乐？都没有。可是当你这样无条件地付出，真的帮助了需要帮助的人的时候，你会有一种

"我的人生有价值、有意义"的快乐。这就是更高层次的快乐。

再回过头来看，这三个层次的快乐，都是人类可能经历到的，没有哪个层次比较高级、哪个层次比较低级。但对于教导孩子来说，我们的确是要帮助他们从感官的享乐往幸福的快乐，甚至是意义的快乐方向去追求。

那我们自己呢？如果你是一个每天都被孩子弄得十分抓狂的人，其实完全可以跟另一半要求"每周放我一个下午的假，你来带孩子，让我好好休息一下"。你可以去逛逛街、喝个下午茶，或者做个头发，总之，做任何你想做的事情。

你会发现，短短几个小时的修复，可以让你的感官获得快乐和满足。休息好了之后，你就可以重新进入家庭生活了。所以，最重要的是，想办法帮助自己重新找回快乐。不是要你放着孩子不管，而是你的生活要有个平衡。

父母增加了快乐的能量，才有心情好好地去教养孩子。对孩子来说，他们一定也想要快乐的爸妈，而不是整天黏在自己身边、盯梢又愁眉苦脸的父母。

希望你能够懂得帮自己找快乐，适度对孩子放手，也适度让自己放松。去找一个你喜欢做却已经好久没机会做的事情，好好地把它完成，重新把你的人生快乐找回来。只有你自己活得更好，才会同时成为更好的父母。

总的来说，我在这本书里告诉了你：不要只教孩子追求成功，也要让他幸福。

第一，先给孩子一对相爱的父母和一个温暖的家庭，给孩子好的情绪人格打底。

第二，通过游戏、绘本等有效的方法，教会孩子情绪表达、情绪理解和情绪调节。

第三，也是最重要的，就是你要把自己的状态调整好，让自己重新快乐明朗起来，有快乐的父母，才会有快乐的孩子！

当你想去校正孩子的行为，改掉孩子身上不好的品性和习惯时，要先做一件事——爱他。被父母好好爱过的孩子，不容易被社会污染，也不会沾染恶习。

希望你能好好爱你的配偶，爱你的孩子，也好好爱你自己。